Olhando pro nada, lembrando de tudo

Olhando pro nada, lembrando de tudo

Bruno Braga

MOINHOS

Edição:
Camila Araujo & Nathan Matos

Assistente Editorial:
Sérgio Ricardo

Revisão, Diagramação e Projeto Gráfico:
LiteraturaBr Editorial

Capa:
Sérgio Ricardo

Dados Internacionais de Catalogação na Publicação (CIP) de acordo com ISBD

B813o
Braga, Bruno
Olhando pro nada, lembrando de tudo / Bruno Braga.
Belo Horizonte : Moinhos, 2018.
76 p. ; 14cm x 21cm.
ISBN: 978-85-45557-29-6
1. Literatura brasileira. 2. Contos. I. Título.

2018-993

CDD 869.8992301
CDU 821.134.3(81)-34

Elaborado por Odilio Hilario Moreira Junior - CRB-8/9949

Índice para catálogo sistemático:
1. Literatura brasileira : Contos 869.8992301
2. Literatura brasileira : Contos 821.134.3(81)-34

editoramoinhos.com.br | contato@editoramoinhos.com.br

Sumário

"A única obsessão que todo mundo quer ter: o 'amor'.
As pessoas pensam que quando se apaixonam elas se completam?
A união platônica das almas? Pois eu não concordo.
Eu acho que você está completo antes de se apaixonar.
E o efeito do amor é fracionar você.
Antes você está inteiro, depois você racha ao meio."
Philip Roth, O Animal Agonizante

"Enquanto esperava seus sinais eu ia sentindo alguma emoção,
certo suspense, e era isso o mais premente:
vivenciar as emoções, mesmo as mais rasteiras,
para o meu coração não correr o risco de atrofiar."
João Gilberto Noll, Solidão Continental

Carregador de lixo

Não conseguia dormir. Olhou para a mulher deitada ao seu lado. Parecia tão tranquila, tão distante. Flagrou-se com inveja dela, do seu sono. Pensou em cutucá-la, mas desistiu. Era incapaz de fazer qualquer coisa, por mais simples que fosse, que pudesse prejudicá-la. Sentia uma necessidade constante de cuidar dela. Nunca deixara de amá-la. Via seus amigos perdendo a paixão pelas esposas, indo atrás de outras mais jovens, mas nunca sentira isso. Ainda olhava para ela com a mesma ternura, ainda sentia vontade de protegê-la de tudo. Ajeitou seu lençol, que deixava parte de seu corpo descoberto, beijou-a suavemente. Ela se mexeu, mas não acordou.

Queria dormir, sabia que tinha que acordar cedo e detestava trabalhar depois de uma noite mal dormida. Já passava das três quando desistiu. Pegou a carteira de cigarro na mesa de cabeceira ao lado da cama e foi sentar na sua cadeira favorita na varanda. Passou pelo quarto dos filhos que também dormiam. Sentiu como o tempo passava rápido. As duas crianças que brincavam pela casa já eram homens, surpreendentemente mais altos que ele, um formado e o outro quase. Pensou em acordá-los, mas voltou atrás. Resignou-se em ficar acordado sozinho em casa. Passou pela sala escura e foi até a varanda guiado apenas pela luz natural da lua cheia que invadia parte do ambiente. Sentou-se em sua cadeira favorita. Esticou as pernas e acendeu um cigarro. Apreciou o primeiro trago, soltando a fumaça lentamente.

Pensou em quanto tempo fazia que não parava para pensar, que não parava para ter um tempo apenas para si. A angústia da insônia foi-se transformando em prazer e começou a apreciar o momento. Lembrou-se da adolescência, dos excessos, das utopias. Sempre tivera ideias progressistas, sempre a ânsia de conhecimento. Pensou em sua extensa biblioteca, nos autores de sua adolescência, no sonho de ser escritor. Houve uma época, logo que saiu da faculdade, em que dedicou-se quase que exclusivamente à literatura. Mantinha só um emprego de um turno pra arcar com algumas despesas. Escrevia contos, poemas, lia de tudo, frequentava oficinas. Chegou a publicar algumas coisas no jornal local. Recebera inclusive um prêmio por um de seus contos. Mas a vida acabou tomando outro rumo. O romance começado e nunca acabado que fora substituído por um cursinho pra concurso público, onde conheceu a futura mulher, e se transformara, por fim, naquilo que hoje podia chamar de sua vida. Agora aqui estava, na varanda do primeiro andar de um grande edifício, sentado, olhando pro nada, lembrando de tudo.

O silêncio do vazio das ruas o levara em uma divagação que só teve fim quando viu, ainda distante, uma figura que se aproximava. Estava, ainda, a umas três quadras de sua rua e vinha num ritmo lento e sofrido. Era um carregador de lixo, trazendo em seu carrinho o material acumulado durante o dia. Quando chegou mais perto, mesmo do alto do primeiro andar e com a vista embaçada pelo cansaço, conseguiu perceber a expressão de seu rosto. Não parecia cansado, mas havia uma certa obstinação em seu olhar, como se estivesse alheio a tudo ao seu redor, apenas seguindo rumo ao seu destino, que, provavelmente, ainda devia estar longe de ser alcançado.

Acendeu outro cigarro e não sabia por que não conseguia tirar o carregador de lixo da sua cabeça. Aquela cena o tirara de seus mais íntimos pensamentos e o trouxera de volta à realidade de uma maneira tão brutal que não conseguia mais pensar em nada. Deixara de olhar para dentro de si para olhar para fora. Agora estava mais uma vez em transe, mas o alvo era diferente, não se tratava mais de compreender como chegara ali, mas sim de saber onde estava. Lembrou, então, de uma notícia que vira há alguns dias, talvez a razão daquele homem e seu carrinho terem lhe chamado tanto a atenção. Era a história de um carregador de lixo que apanhava o lixo com a ajuda do filho e que havia morrido no meio da noite, durante a volta para casa. O filho, que não tinha mais de quinze anos, levara o corpo do pai dentro do carrinho, até em casa, e de lá até o hospital mais próximo, que ficava em outro município. Imaginou um filho carregando o pai num carrinho de lixo durante uma noite inteira e sentiu vontade de escrever sobre aquilo. Mais do que vontade, sentiu necessidade de aproveitar aquele momento tão seu em que se sentia mais uma vez aquele jovem cheio de planos e ideais pronto para escrever o que via, o que sentia; contar sua história através dos outros, através de ações banais ao seu redor, antes que voltasse para sua cama, para sua vida.

A voz

Andavam meio perdidos, soltos na correria do cotidiano, cada um à sua maneira. Iam levando a rotina, ainda que não soubessem que o que realmente precisavam era um do outro. E nada mais.

Difícil perceber essas coisas. Já havia tantas obrigações a cumprir, faculdade, estágios, dívidas, pressões de uma vida adulta que abre as portas e não pode esperar. Sobrava pouco tempo para pensarem sobre o que precisavam para tomar rumo novamente, para preencher o que quer que estivesse vazio dentro deles. Ambos vinham de relacionamentos dolorosos, como o são todos os que duram o suficiente para que se pense que vai durar para sempre, e isso talvez tenha alguma coisa a ver. Ou talvez isso seja simplificar demais a situação.

Quando juntos não havia tempo ruim, sempre sorrindo, piadas, abraços, elogios. O mais engraçado era reclamarem um pro outro da dificuldade de encontrar alguém que valesse a pena. Todos percebiam o absurdo da situação, menos eles. Alguns amigos até tentavam rodear o assunto, pois seria impossível, e até ridículo, ir direto ao ponto numa questão tão óbvia. Perguntavam, da maneira mais discreta com que se pode ser indiscreto, se nunca tinha rolado nada, claro que sempre na presença de apenas um dos dois para evitar o já presente constrangimento, mas a resposta era sempre a mesma. Eram apenas amigos. E não queriam estragar isso transformando a amizade em algo mais, que só viria – e diziam saber isso por experiência própria – a estragar o que tinham. E em parte, estavam certos. É difícil acreditar em uma relação. Parece sempre que a amizade é mais segura, mais tranquila. Relacionamentos são cheios de brigas, lágrimas, discussões por motivos inexistentes. Talvez por isso se negassem a enxergar que eram pessoas melhores juntos do que separados.

Trocavam confidências, conversavam sobre música, cinema, faculdade, futuro. Nada deixava de ser interessante quando estavam juntos. E foram se acomodando com isso. Aceitando que, inconscientemente, abriam mão do maior valor da sua relação e de qualquer outra possibilidade de achar alguém que os fizesse felizes. A projeção da pessoa ideal que tinham, mesmo sem perceber, um no outro, acentuada pela impossibilidade de estragarem tudo se tornando um casal, o que tende a tornar mais evidentes os defeitos de cada um, gerava uma acomodação de ambos e os distanciando de qualquer proximidade maior com outras pessoas.

É claro que não seriam perfeitos juntos. Haveria brigas, lágrimas, mas seriam felizes. Talvez felicidade fosse isso, fazer todos os aspectos negativos de uma relação valerem a pena. E os risos, os momentos que teriam, se completando sem nenhum limite, sem nenhuma barreira que os impedisse de se tornarem um só, valeriam a pena.

Quem sabe se, no fundo de suas mentes, nas palavras daquela voz que só aparece no fim da noite, naquele momento de total torpor que se tem minutos antes de dormir, no qual toda a verdade da vida se abre aos olhos já fechados e cansados demais para se abrirem novamente, não soubessem que perdiam tempo. Tempo que não voltaria e que não teriam uma segunda chance de aproveitar. Mas, é claro, acabavam dormindo, e as vozes de suas consciências se calavam, e também adormeciam, dando lugar a sonhos estranhos onde se encontravam constantemente, numa alegria intensa e cheia de significados, que ao acordarem, insistiam em ignorar. O que era uma pena. Só vendo os dois para entender a tristeza que é saber que deixavam sua história morrer sem nem mesmo ter começado.

Hoje, continuam perdidos, soltos no mundo, trocando suas confidências mais íntimas. De vez em quando, mesmo sem querer, um deles até arrisca e confessa que teve um sonho estranho com o outro, mas nunca passa disso e acabam rindo juntos daquilo tudo, como se fosse mais uma piada que só faz sentido para os dois. Continuam formando um casal perfeito. Só eles que não enxergam isso. Mergulham cada vez mais fundo na acomodação fácil da inocência de não perceberem o óbvio, e ainda reclamam de não encontrarem alguém que valha a pena. Toda noite, porém, aquela voz no fundo de suas mentes tenta lembrá-los da verdade, mas os olhos já estão muito cansados, e acabam esquecendo o que sempre souberam e dormem sozinhos.

•

Cinema

Entrou no cinema. Contou dez pessoas dentro da sala cuja imensidão era acentuada pela falta de espectadores. O vazio da grande maioria das cadeiras tornava possível ouvir cada sussurro e cada movimento da escassa plateia. Pensou como era engraçado a relatividade das coisas. Aquelas dez pessoas dentro do seu pequeno quarto num domingo à noite assistindo um filme qualquer na sua televisão de 29 polegadas, em meio a tantos papéis e roupas espalhadas pelo chão, seriam uma multidão. Ali, porém, passavam quase desapercebidas.

Havia na sala, além dele, dois casais, um grupo de três amigas, dois moleques que não pareciam ter mais de doze anos, e que, portanto, estavam ali clandestinamente, pois a censura do filme era dezesseis anos, e um senhor já de idade avançada que, como ele, estava sozinho.

Não tinha o costume de ir só para o cinema, mas queria muito ver aquele filme e não tinha vontade de encontrar ninguém naquele dia. Não aguentava mais as mesmas pessoas, as mesmas conversas que, antes tão interessantes, já se tornaram vazias, talvez pela repetição, talvez por nunca terem tido mesmo relevância. E esse questionamento era algo que levava para sua vida como um todo. Qual era a importância do que fazia? Que diferença faria para o mundo se não existisse? A total irrelevância para o meio do qual fazia parte o assustava. Tinha medo de morrer e só ser descoberto meses depois, quando, enfim, seus vizinhos notariam que o estranho odor que saía de seu apartamento era pior que o de costume. Todos os livros que lia, as exposições que frequentava, as opiniões sobre tudo que considerava digno de sua avaliação, tudo isso para quê? Palavras que morreriam junto com ele dentro do seu apartamento sala-quarto que mal podia manter. Via seu sonho de fazer alguma diferença para o mundo desaparecer junto com seu interesse por si mesmo. Ora, se nem ele mesmo tinha mais vontade de escutar o que tinha para dizer, por que os outros o teriam? Por isso precisava fugir disso tudo, olhar de fora o que tinha se perdido no caminho até onde estava, para, quem sabe, constatar que precisava voltar ao princípio e tomar outro rumo. Talvez fosse isso, talvez tivesse errado desde o início. Mas, para saber ao certo, era preciso parar, e não simplesmente seguir andando sem destino e sem pensar. Queria o escuro do cinema, a solidão de sua cadeira em meio a pessoas completamente estranhas e a viagem ficcional para um universo novo que um bom filme era capaz de proporcionar. Precisava de um momento assim, por mais triste e solitário que fosse, para sentir-se só e conseguir estar consigo mesmo.

Sentou-se atrás, na penúltima fileira. Como ainda tinha alguns minutos antes que começassem os trailers, se entreteve observando os outros expectadores, ao som da música clássica que rompia o silêncio da sala quase vazia. Um dos casais se agarrava intensamente como só os relacionamentos recém-iniciados permitem, enquanto o outro trocava carícias mais contidas e risadinhas que demonstravam maior intimidade. Engraçado como os gestos mais tímidos do segundo casal passavam uma imagem maior de permanência e durabilidade do que o fogo do primeiro casal, que parecia aproveitar a semiescuridão da sala para não se verem e poderem se entregar um ao outro. Como se, fora dali, na luz do dia, em meio à multidão da rua, fossem desconhecidos, estranhos que não reconhecem nada de si no outro e precisam estar cegos ou quase isso para aguentarem a presença um do outro. Pensou em como a maioria de suas relações se assemelhava com o primeiro casal, e que talvez fosse isso que o levasse a ter uma visão tão negativa deles. Sentiu-se culpado por provavelmente ter cometido uma injustiça com eles e considerou mesmo a possibilidade de pedir desculpas, mas logo percebeu o quão ridículo seria se o fizesse. Voltou o olhar para o segundo casal e os invejou em sua intimidade contida e intensa. Talvez esse sentimento de insignificância tivesse a ver com o vazio que a falta daquele tipo de intimidade o fazia sentir. Talvez, pensou, só precisasse de alguém para compartilhar suas aflições e que desse uma renovada em sua vida para que ele mesmo voltasse a se interessar por tudo que o cercava.

Observou o grupo de amigas, mas logo de cara nenhuma pareceu interessante. Falavam sobre algo relacionado a roupas, o que o fez passar a atenção ao senhor de idade que também estava sozinho. No entanto, antes mesmo de formular qualquer opinião sobre o homem, foi pego de surpresa por uma nova integrante na rasa plateia, que entrava também sozinha, mas parecia bem menos solitária do que ele. Ela sentou duas cadeiras ao seu lado. Encarou-a, mas ela não parecia notar sua presença. Estava compenetrada abrindo um chocolate que tirava de dentro da bolsa.

Ao final do filme, voltou a encará-la. Ela, por sua vez, continuava sem dar nem sinal de retorno à sua tentativa frustrada de troca de olhares. Acenderam novamente as luzes, voltou a vê-la, seu perfil enquanto ajeitava os cabelos. Seus movimentos eram exatamente como ele esperava, sutis, delicados, indiferentes, como quem não nota a presença de mais ninguém ao seu redor. Sua postura passava uma segurança e uma confiança que o inibiam de qualquer ação, mas não conseguia tirar os olhos dela. Depois de um tempo, ela, com os cabelos presos, devolveu-lhe o olhar por um único e breve momento. Não demorou mais que dois segundos para ela voltar seu rosto para o outro lado, levantar-se e sair do cinema.

Se ela me olhasse mais uma vez, uma única vez, pensou. Nada aconteceu. E, assim como chegou, saiu sozinho do cinema.

Lá fora, ela se perguntava o que ele fazia sozinho no cinema. Estava nervosa, com medo de ter parecido muito direta tendo sentado a duas cadeiras dele, tendo tantas outras livres na sala quase vazia. Já o tinha notado na fila para comprar o ingresso, seu jeito apreensivo, meio sem graça de estar sozinho numa fila de cinema. Sentiu-se logo atraída e não resistiu à ideia de esperar que ele entrasse primeiro para poder escolher um lugar por perto. Comprou um chocolate para ganhar tempo. Não queria deixar tão evidente seu interesse. Apenas sentia que ele precisava de companhia, de alguém novo, desconhecido. Uma estranha. Assim como ela precisava de um estranho. Quando entrou percebeu que ele olhava com cuidado para as outras pessoas na sala. Sentou-se e logo seu olhar foi direcionado para ela. Enrubesceu, mas não tinha certeza do que aquilo significava. Decidiu esperar que ele fizesse algo. Ao final do filme, esperou um pouco mais, ajeitou o cabelo. Antes de levantar-se, ainda lançou um último olhar, na esperança de que ele fosse ao seu encontro, e ela deixasse de ser uma estranha para ele.

Conversa intensa na madrugada

Para um tipo na calçada, fumando sozinho, apoiado na parede de fora do bar:

Opa, amigo. Me dá um cigarro?

Não.

Por quê?

Isso pode te matar, sabia?

Mas você não está fumando?

É... Triste, né?

Cara louco, pensou. Ia saindo, quando o tipo o puxou pelo braço.

Me diz uma coisa. Quantas vezes você já amou? De verdade mesmo.

Acho que umas três. Por quê?

Todas terminaram bem?

Nenhuma.

O tipo suspirou e balançou a cabeça lentamente olhando para baixo. Deu um trago em seu cigarro e levantou o olhar. Seu olhos estavam úmidos.

Difícil, né?

Demais.

Aqui, toma teu cigarro.

Outro planeta

Eram de outro planeta. Um planeta pequeno, distante, que ninguém nunca tinha ouvido falar. Lá nesse planeta, que de tão pequeno nem nome tinha, algumas coisas eram diferentes. Lá, por exemplo, quando dois seres se apaixonavam, como era o caso deles dois, era fácil identificar, pois ao se tocarem acabavam por dar choques um no outro. Mas não um choque elétrico igual ao que conhecemos, não um choque que causasse dor ou fizesse mal. Era um choque que aturdia e acalmava ao mesmo tempo, que começava pelo ponto do toque e rapidamente já estava por todo o corpo, causando reações fortes, como perda de equilíbrio e rubor na pele. Algo interessantíssimo de se observar. Nos pequenos gestos, como quando iam entregar alguma coisa para o outro, se seus dedos se tocassem, logo se entrelaçavam como uma centopeia quando é cutucada e era possível perceber todas essas reações rapidamente.

Outra coisa diferente nesse planeta é que, uma vez apaixonados, os seres eram incapazes de passar muito tempo sem contato. Fisicamente incapazes. Então se passassem algum tempo sem se ver, por exemplo, eles acabavam dando algum jeito de se comunicar, o que amenizava os sintomas febris que já se apresentavam, mas que logo se tornava insuficiente, obrigando-os também a dar um jeito de encontrar-se, a qualquer custo. E o encontro era também interessantíssimo de se observar. Eram incapazes de largar um do outro, como se o tempo que passassem separados fosse tirando um pouco de vida deles, e só aquele encontro e o contato fosse capaz de ir preenchendo de vitalidade novamente suas existências.

A forma como encaram a relação também era diferente no planeta deles. Não existiam cobranças, porque lá não existia um modelo fixo de relacionamento, não existiam expectativas pré-estabelecidas. Simplesmente viviam juntos e se nutriam disso. Às vezes as relações duravam mais, outras menos, mas isso não parecia incomodá-los ou fazê-los guiar todas as decisões em função dessa duração. Sua relação era fácil, falavam de tudo um com o outro, e não apenas o que achavam que o outro queria ouvir. Tinham gostos e costumes parecidos, mas mesmo as diferenças não pareciam incomodá-los, serviam mais para gerar um sentimento de complementaridade do que um sentimento de divergência. Era interessantíssimo vê-los conversando dias sem parar, sobre assuntos aparentemente banais para os nossos olhos humanos, sem preocupar-se com tempo.

Falando em tempo, isso era outra coisa muito diferente. Quando apaixonados, o tempo passava de uma forma completamente distinta. Uma semana parecia um mês quando estavam longe e os sintomas febris derivados da distância já começavam a se apresentar. Um mês juntos já os fazia ter histórias e sentimentos que equivaliam a uma vida inteira. E quando estavam juntos duas horas pareciam durar cinco minutos e sempre queriam mais. Interessantíssimo observar como não percebiam que não era o tempo que os enganava, mas eles que enganavam o tempo, que simplesmente não dava conta de fazer caber na lógica a que estava acostumado tanta intensidade e se perdia em contas e cálculos para tentar entender e fazer caber aquilo tudo.

Mas, por algum acaso do destino, eles acabaram vindo para o nosso planeta. E aqui eram incapazes de viver a vida a dois como estavam acostumados. Aqui as cobranças e as normas eram incompatíveis com a intensidade com que viviam e experimentavam o amor quando moravam no seu planeta distante, longe de tudo e de todos. E logo viram que não seriam capazes de viver juntos aqui, que se adaptassem sua relação ao modelo terrestre, simplesmente não resistiriam. Não depois de terem vivido da outra forma. Incondicional. Atemporal. Precisavam decidir se ficavam e deixavam seu amor morrer, ou se buscavam um outro planeta, menos diferente do deles, onde pudessem continuar se nutrindo de choques e vitalidade um do outro, sem perceber o tempo passar.

Insuficiente

As luzes e a dimensão de Tóquio ainda o impressionavam. Olhava para a imensidão da cidade, da janela do hotel, apoiado no parapeito. Intercalava o olhar entre a cidade e ela, que dormia um sono pesado na cama desfeita. Coberta apenas da cintura pra baixo, tinha a mão ao lado do rosto, que pendia levemente como que para posar para uma foto. Era como se fosse de propósito para afundá-lo ainda mais na admiração daquela beleza que o tinha arrebatado na última semana.

Havia chegado em Tóquio nove dias antes, para apresentar um trabalho científico em um seminário internacional. Era um dos pontos altos de sua carreira e a ansiedade havia se misturado com a vontade que sempre tinha tido de conhecer o Japão. Não possuía nenhuma relação particular com o país, apenas um fascínio por uma cultura que parecia tão distante da sua.

Nos dois primeiros dias, teve alguma dificuldade em adaptar-se à cidade, à língua e ao horário. Noites mal dormidas, a ansiedade que aumentava à medida que sua apresentação se aproximava. No terceiro dia de sua estadia, foi para o coquetel de abertura do evento, que aconteceria no próprio hotel onde estava hospedado. Alguns rostos familiares de outros encontros acadêmicos, algumas trocas de conversas rápidas, mas logo sua atenção já estava toda focada nela. Tinha cabelos bem pretos e lisos, olhos levemente puxados e um rosto forte e ambíguo.

Apesar de não fazer isso há muito tempo, aproximou-se e, falando em inglês, perguntou seu nome. Era um nome japonês, mas ela explicou que era inglesa, apenas filha de mãe japonesa. Conversaram brevemente, ele a fez rir algumas vezes, o que o deu confiança, mas ela logo teve que sair, pois não estava hospedada no hotel, e sim na casa da família da mãe. Mas a empatia instantânea que sentiram a fez, antes de sair do coquetel, voltar e dizer 'Anota meu contato pra gente se ver esses dias aqui pelo evento, quero assistir tua apresentação'. Se por um lado aquela iniciativa dela, que durante a conversa parecia tão retraída, o animava imensamente, a ideia dela ver sua apresentação o deixava com a certeza de noites ainda mais ansiosas pela frente.

Mais tarde continuaram se falando virtualmente pelo celular. E assim seguiram numa conversa interminável pelos dias seguintes. Qualquer intervalo que tinha, ele olhava o celular. Apesar de todo esse contato, só voltaram a se ver no penúltimo dia do evento, no dia da apresentação dele. Ela mal parava no hotel, visitando a família e revendo amigos. E a essa altura, a empatia inicial já tinha se transformado em algo mais, uma vontade de se ver, de se falar a cada instante. Ele falava mais do que ela, que era mais vaga, dava respostas ambíguas. Suas posturas eram complementares, ele com perguntas diretas e ela com respostas de dúvidas. Mas ambos se nutriam dessa diferença, e isso acabou atraindo-os ainda mais para aquela relação que não sabiam bem o que era, mas na qual já se percebiam envolvidos.

O encontro aconteceu na sua apresentação. Ela havia prometido, apesar da insistência dele de que não era necessário, que estaria presente. Quando começou, ainda não a havia visto, o que o tranquilizou um pouco, mas quando já havia se acalmado e sentia-se seguro com sua fala, ela entrou meio desajeitada e apressada na sala, batendo a porta e deixando-o completamente sem jeito para continuar. Ela entrou olhando para o chão e sentou-se na última fileira, mas ele ainda podia vê-la. Após alguns segundos, conseguiu retomar a apresentação, mas suas mãos suavam mais do que ele havia previsto, e isso devia ser sinal de alguma coisa.

Ao final, ela correu pra se desculpar, que tinha demorado num almoço com umas tias, mas ele logo a interrompeu 'Vamos sair pra comer alguma coisa?'. Ela sorriu concordando e foram. O encontro foi meio sem jeito, parecia que tinham criado um vínculo forte demais sem se encontrar, e agora que se viam um em frente ao outro, não sabiam como transformar toda a carga de sentimentos que haviam nutrido nos últimos dias à distância para a proximidade em que se encontravam. No final da noite, quando se despediam, ele perguntou se poderiam encontrar-se no dia seguinte, seria seu último dia ali e queria passá-lo com ela. Ela pareceu relutante, não tinha certeza se seria uma boa ideia, não sabia pra onde tudo aquilo estava caminhando. Mas ele insistiu e marcaram de encontrar-se logo cedo.

Ela bateu na sua porta antes do horário combinado. Entrou e ficaram sentados em silêncio no sofá que havia próximo à entrada do quarto. Sem saber como romper o desconforto em que se encontravam, ele ofereceu saquê, lembrava que ela tinha comentado que gostava. Depois que ela tomou o primeiro gole, ele tentou beijá-la, mas ela se esquivou. Após alguns momentos de desconforto, tentaram conversar um pouco, entender pra onde aquilo podia caminhar, mas ela parecia incerta se seria a melhor coisa a se fazer. Em algum momento, no entanto, sem qualquer motivo aparente, ela olhou pra ele com um olhar resignado que não deixava dúvidas que iriam em frente. O beijo parecia acumular todas as incertezas e explodiu dentro deles com um ardor quase palpável. As respirações aumentaram o volume, os gestos ficaram mais bruscos, e deitaram-se no sofá. Ele beijou seu pescoço, sua barriga, seu cheiro entrava nele como uma droga que o entorpecia e o levava pra um lugar que há muito não visitava. Foram pra cama, ele tirou sua roupa lentamente, como se demarcasse um novo território. Ela ainda relutava em alguns momentos, mas logo se entregou, puxando-o para perto com força.

Ao final, ela tinha uma expressão que demonstrava estar, ao mesmo tempo, feliz e triste. Disse que estava feliz com aquele momento, mas que aquilo acabaria ali, que não via como eles levarem aquilo adiante. Ele ficou em silêncio por um tempo, até que ela virou a cabeça e dormiu. Ele saiu da cama, apoiou-se no parapeito e olhou a cidade. Não queria aceitar que aquilo acabaria ali, só naquele momento. Era insuficiente. A imensidão da cidade se misturava com a imensidão dos sentimentos que o envolviam e cada rua que via parecia um caminho possível a ser tomado. Olhou pra ela, deitada, linda, dormindo com aquele rosto indecifrável, pele bem branca, e sabia que ainda era insuficiente. Ainda queria beijá-la muito mais, conhecer mais o seu corpo. Havia territórios ainda por explorar, e ele não desistiria.

A ligação

Já passava das onze quando acordou assustado. Era chegado o grande dia, o dia da ligação que tanto esperara. Lavou o rosto e foi fazer um café para ver se o tempo passava mais rápido, o que não adiantou muito, pois a ansiedade o fez beber umas quatro xícaras em menos de cinco minutos.

Precisava arranjar algo para fazer, alguma distração que tirasse sua mente daquela espera, caso contrário passaria o dia inteiro encarando o maldito telefone que insistia em não tocar. Decidiu tentar ler, pois uma boa leitura sempre o ajudava a relaxar. Mas não dessa vez. Não conseguia ler uma linha sequer. Tentava se concentrar, mas olhava mais para o relógio e para o telefone do que para o livro. Doze e meia. Desistiu do livro. Estava tenso demais para realizar essa tarefa tão complicada.

Mal almoçou. Não tinha fome. Duas horas e nada. Já não aguentava mais andar de um lado para o outro da casa com o telefone sem fio na mão. Toque, maldito! Foi então que surgiu a dúvida: e se o telefone estiver quebrado? Sem sinal? Com base nos acontecimentos desastrosos que vinham ocorrendo em sua vida era bem possível que isso acontecesse. Ligou o aparelho e colocou rapidamente no ouvido para ouvir o barulhinho que fazia. Se fosse um tuuuu contínuo, então estaria tudo bem. Mas se fosse um tu tu tu intercalado, então estaria com sérios problemas e toda a espera teria sido em vão. Para sua tranquilidade – ou desespero – o barulhinho foi contínuo. Sentou mais calmo no sofá da sala que já contornara infinitas vezes ao longo do dia. Mas e se o telefone tiver chamado justamente nessa hora em que o ligou para testar seu bom funcionamento? Mas pensou que aí já era demais, precisava relaxar um pouco.

Já passava das cinco, com o sol já quase se pondo naquele domingo que parecia que não ia acabar, quando, já com seus nervos em estado crítico, depois de dois calmantes e incontáveis xícaras de café, resolveu tentar ligar do seu celular para testar se o telefone estava realmente funcionando. Poderia estar funcionando aparentemente bem, mas sem receber ligações. Poderia haver algum problema na recepção do sinal. Não era possível que demorasse tanto a ligar e já eram seis horas! Ligou. Chamou. Desligou rapidamente. Mais uma vez se perguntou se nesse exato momento a ligação tão esperada não poderia ter acontecido e se não teria sido estragada por sua aflição e desespero. Suou frio ao pensar isso. Bom, agora não tem mais jeito. Esperou. Nada de tocar o maldito telefone.

Olhou no relógio, eram oito e trinta e sete. Detestava horas com números quebrados, principalmente terminados em números ímpares, mas aquela parecia uma preocupação menor dada a gravidade do momento. Sentiu o estômago roncar e percebeu que só havia tomado várias xícaras de café e comido meia porção de baião de dois no almoço. Precisava comer alguma coisa. Não era possível ficar assim, não podia prejudicar sua saúde esperando uma maldita ligação que não acontecia. Sua postura já não era apenas de ansiedade, agora sentia raiva e indignação pela situação a que se estava sujeitando.

E enquanto se dirigia enraivecido para a cozinha para preparar algo para comer o bendito telefone tocou. O barulho foi tão alto, rompendo aquele silêncio doloroso do dia inteiro de espera que o susto que levou quase o fez derrubar o aparelho e estragar todo um dia sofrido de espera. Esperou tocar a segunda vez, afinal não queria parecer desesperado. Pigarreou para não faltar voz. Tentou lembrar de tudo que tinha pensado em dizer, mas não vinha nada à sua memória. Calma, não tem mais jeito, não há sequer tempo de se desesperar agora. Vai dar tudo certo. Durante a terceira chamada, atendeu com o alô que treinara o dia inteiro. Respondeu uma voz estridente.

Alô? Boa noite, é da Boa Viagem Turismo?

Não, não é da Boa Viagem Turismo. Não, não sei informar o telefone dessa porra não! Não, eu não faço passeios turísticos!

Desligou. Perdeu a fome. Desde que se mudara para seu apartamento ligavam constantemente perguntando se era da Boa Viagem Turismo, mas já havia um bom tempo que isso não acontecia. Hoje, é claro, aconteceu.

Voltou para o quarto e deitou na cama. Não aguentava mais a espera. Os ombros doíam, os olhos ardiam, as mãos tremiam. Estava exausto de tanto esperar a maldita ligação que não acontecia. Perdeu as forças e permaneceu deitado, fitando aquele aparelho que insistia em não cooperar. Tomou outro calmante, ia acabar viciado nessa merda. Ficou nesse estado letárgico, variando entre o sonho e a realidade, até as três e treze da manhã – como odiava horas com números quebrados – quando olhou para o relógio pouco antes de, finalmente, conseguir dormir de vez.

Sonhou a noite inteira com vários telefones tocando. Um barulho ensurdecedor. Eram vários aparelhos, de todos os formatos e cores imagináveis, cada um com um toque diferente, mas no sonho não conseguia atender nenhum deles. Suava e se mexia na cama quando um dos telefones pareceu tocar mais alto que todos os outros. Ao se aproximar dele, percebeu que não estava sonhando. Havia acordado e o telefone que se destacava era o seu telefone que estava realmente tocando. Sorriu melancolicamente. Tinha um olhar cansado e resignado. Pigarreou, mas já não se importava se faltasse voz. Atendeu.

Não, não é da Boa Viagem Turismo, respondeu quase em lágrimas.

E desligou o maldito telefone.

As páginas

Estaria mentindo se dissesse que o levei a sério. Ou, muito menos, que me esforcei pela nossa curta e rasa relação. Mas, é claro, foi isso que disse a ele.

Queria entender mais de psicologia para poder explicar minha displicência com o Mário. Ele via coisas em mim que eu nem sabia de onde vinham. Certa vez disse que eu era diferente de tudo que ele já havia conhecido. Engraçado ele ter usado a palavra tudo, e não todas. Aquilo me chamou a atenção, como se eu me destacasse, ao menos aos seus olhos, não somente dentre as pessoas que havia conhecido, mas também das coisas, dos lugares, e até mesmo das sensações. Pode parecer um egocentrismo exacerbado e ridículo, como a maioria dos sentimentos humanos sinceros o são, mas é fato que ser valorizada por alguém para o qual não se reserva o mínimo esforço, a mínima atenção, é algo que gera algum tipo de satisfação. Não por maldade, ou canalhice, mas, no fundo, o ego agradece. Afinal, você expõe o seu pior lado, a sua mais visceral e crua índole e, mesmo assim, existe alguém que te valoriza por isso.

Não é que eu não me sentisse atraída por ele, ou que ele fosse uma pessoa desagradável. Pelo contrário, era muito bonito, tinha um físico impressionante, e era extremamente simpático. Até minhas amigas davam em cima dele e ele ficava puto comigo porque eu nem me importava. Na verdade, até ria da situação e meu ego inflava ainda mais. Daí a minha indignação para comigo mesma. Por que nunca fui capaz de amá-lo? Ou simplesmente de ter para com ele alguma afeição? Porque essa é a verdade, por pior que possa parecer. Nunca tive nem vontade de melhorar com ele. O Mário me cobrava muito isso, mas eu nunca respondia suas perguntas, pois não havia o que falar. Era curiosa a série de expectativas que ele criava com relação a mim, como se me aguentasse porque achava que, com o tempo, eu iria me tornar tudo que ele esperava que eu fosse. Como se, de alguma maneira que fazia total sentido apenas na sua cabeça, eu fosse, eventualmente, ser vencida pelo cansaço e passasse a ser tudo que ele esperava de mim. E isso, na verdade, só piorava a situação. Vê-lo tentando forçar um sentimento que, quando não nasce naturalmente, já nasce morto.

Uma das maiores causas das nossas discussões era minha total indiferença com datas.

Sabia que hoje faz 1 mês que a gente tá junto?

Não. Como assim junto?

E isso bastava para mais uma crise. Mas, de fato, era uma pergunta legítima, pois nada jamais foi oficializado, então o que era considerada o início da nossa relação? Isso foi algo que eu jamais soube.

A verdade é que eu não sentia nada por ele, a não ser uma imensa e incontrolável atração física. Isso era inevitável, e talvez tenha sido o que nos manteve juntos – o que quer que isso signifique – algum tempo. Pode parecer cruel dizer isso, mas desde quando o tesão é um aspecto sem importância de uma relação? Se eu dissesse que o que nos mantinha juntos era a boa conversa que tínhamos, isso seria mais aceitável?

Quando a gente saía e ele bebia um pouco a mais da conta, acabava sempre brigando comigo, me chamando de fria e de todos os outros xingamentos do gênero que ele pudesse lembrar. Acho que esses eram os únicos momentos em que ele realmente enxergava a realidade da nossa relação. Às vezes me pergunto se ele gostava de fato de mim ou se me odiava e era isso que o atraía. Afinal, o ódio é um sentimento tão forte quanto o amor. É o exato oposto do amor, e não sua ausência.

Nesses momentos, eu perguntava se não era melhor a gente parar de se ver, dar um tempo. E ele logo me perguntava se tinha outra pessoa, dizia que já vinha notando que eu não era mais a mesma. Então começava a chorar e implorava para que eu não o deixasse, que não saberia o que fazer sem mim, e começava a me agarrar, abrir minha blusa, morder minha orelha sussurrando que queria estar dentro de mim. E eu, impulsionada pelo único sentimento que conseguia oferecer a ele, acabava cedendo.

Desde o início foi assim, ele iludido por um sentimento inexistente e eu consciente dessa total falta de reciprocidade de nossas afeições. E quando uma relação já começa assim, é muito fácil se acomodar. A coisa só se intensifica. E um dia acaba. Simplesmente acaba. Quando penso na nossa história, lembro das páginas, mas não das palavras. Essa é a verdade.

Barulho estranho no carro

Um barulho estranho em seu carro o despertou da dormência em que se encontrava. Não poderia dizer ao certo quanto tempo passara ali, estacionado debaixo da árvore que tanto conhecia. A mesma sombra que agora servia de conforto para seu torpor já servira muitas outras vezes como penumbra para seus momentos mais calorosos com Cláudia, que sempre ficava assustada e pulava para o banco detrás a qualquer sinal de outra presença na estreita rua de calçamento onde morava. Riu ao lembrar-se da cena e aumentou a potência do ar condicionado do carro naquela tarde quente e abafada.

Olhou para o muro verde da casa e imaginou o que ela estaria fazendo naquele momento. Estaria sequer em casa? Teria saído com outro? Não, entrar nesse caminho poderia levá-lo a um lugar onde não queria estar. Já era ridículo o suficiente ficar estacionado em frente à sua casa, dentro do carro ligado, feito um *serial killer* à espera de sua vítima. Não, não poderia ser mais patético. Só se tocasse a campainha. Mas, por outro lado, como não havia outros carros na rua, se o fizesse e se escondesse atrás das árvores mais à frente da rua, poderia ter a certeza, no caso de ela abrir a porta, de que estava de fato em casa, e não em algum dos motéis que costumavam ir juntos com outro cara, o que o deixaria mais tranquilo e livre para ir embora dali.

Não, não vá por aí, pensou. Você já se humilhou o suficiente.

Mas teria ele realmente se humilhado? Não teria demonstrado, pelo contrário, extrema força de vontade e perseverança ao insistir tanto no relacionamento, em lutar com todas as suas armas por ela, para estar com ela, mesmo que isso incluísse lágrimas e palavras de desespero? Não, não se humilhara. Mostrara apenas o quanto estava disposto a continuar com Cláudia e a lutar por isso. Quem achasse que isso era humilhação obviamente nunca tinha amado de verdade. Isso é que é amor, pensou. É apostar todas as suas fichas em alguém que não é você, se anulando por completo e colocando toda sua existência nas mãos de outras pessoas, é não ter medo ou vergonha de chorar e de expor totalmente, pois sabe que só assim será de todo verdadeiro. Amar é ser sincero ao extremo quanto a sua própria vulnerabilidade. É, concluiu orgulhoso, isso é amor.

Mesmo assim desistiu da ideia de tocar a campainha da casa. Sabia que ela não queria vê-lo naquele momento, tinha deixado isso bem claro no último encontro que tiveram, e com certeza não gostaria de saber que tinha estado parado do lado de fora de sua casa, à espera de não se sabe o quê. Ela nunca entenderia que ele não esperava nada. Apenas queria estar ali, sentindo as lembranças dos tempos em que a sombra era a penumbra do amor deles, quando embaçavam os vidros do carro com seu amor que nunca haveria de se esgotar.

Poderia apenas ligar para ela. Assim saberia se estava em casa ou não, correndo menos riscos. Mas, se desligasse quando ela atendesse, a primeira pessoa de quem suspeitaria seria dele, tinha certeza. Nas últimas vezes em que ligara tentando marcar um encontro, segundo ele sem segundas intenções, apenas para saber como estava e botar o assunto em dia, ela tinha sido muito dura e pouco amigável na resposta e pedido que não voltasse a ligar. Não entendia de onde vinha tanto rancor. Afinal, não tinham acabado brigados, tinha sido um fim até amigável comparado a outros que já tivera. Prometeram continuar amigos, elogiaram-se mutuamente, tudo na tentativa de amenizar aquele momento que parecia inevitável. Agora, pensando sobre o assunto, se perguntou por que de fato haviam se separado. O que foi que na época pareceu tão intransponível? O que haviam perdido que parecia tão irrecuperável? Não conseguia lembrar-se de nenhum fato ou motivo específico que os tivesse levado a decidir que acabar seria a melhor solução. Engraçado lembrar agora de como foram determinados quanto ao fim do relacionamento e a permanecerem amigos e comparar com a situação em que se encontrava, parado à sua porta, sem lembrar o que os separou e com receio de sequer ligar para ela. Que mudanças poderiam ter ocorrido nesse tempo que mudassem tanto o panorama entre eles?

Vou ligar, falou olhando para o espelho retrovisor.

Pegou o celular, hesitou, guardou-o novamente no bolso. Olhou mais uma vez para o retrovisor. Seus olhos estavam vermelhos e vazios. Não podia continuar assim. Não podia continuar esperando embaixo daquela árvore que alguma coisa acontecesse que o transportasse de volta para o tempo em que se considerava senão feliz, pelo menos não tão oco. Ia para lá para tentar sentir alguma coisa, medo que fosse. Só não aguentava mais ficar em casa, olhando pela janela sem sentir absolutamente nada, masturbando-se sem sentir tesão, bebendo até dormir e acordando com um único desejo: não ser ele mesmo.

Ao chegar em casa, atirou-se na cama e dormiu até às duas horas da tarde do dia seguinte. Voltou à casa de Cláudia, voltou para debaixo da árvore. Esperou.

Quando despertou, já escurecia. Um carro de aproximava do portão da casa. Reconheceu o carro de Cláudia. Ela não estava só e vinha no banco do passageiro. Um homem dirigia seu carro. Não o reconheceu.

Ela parecia estar rindo sonoramente. Conhecia aquela risada. Podia quase ouvi-la. Mas a verdade é que aquele riso, assim como aqueles cabelos, aquela boca, aquele cheiro e aquela sombra da árvore já não eram seu lugar.

Um barco

Embarcaram logo cedo, antes do sol nascer. O barco era grande, parecia meio velho, mas resistente. Entraram de mãos dadas, em silêncio, pois não havia mesmo o que dizer. Embarcavam numa viagem sem destino definido, e a incerteza os assustava e excitava ao mesmo tempo. Na verdade, a história deles sempre tinha sido assim, seguiam sem saber pra onde iam, apenas que iam juntos e isso os bastava.

Decidiram fazer essa viagem sem destino para fugir do mundo. Ou melhor, para buscar um outro mundo, que não fosse este onde se encontravam, mas que não conseguiam se encaixar muito bem. Era um mundo cheio de mentiras, de ódio, de ciúmes... e entre eles não existia nada disso. Conseguiam falar tudo um para o outro, não só as coisas boas. Falavam tanto daquilo que os aproximava como daquilo que os afastava, e por mais que não fosse fácil, era assim que eram. Passavam bons e maus momentos juntos, e isso não parecia enfraquecê-los. Eram capazes de se expor completamente um para o outro, e isso não parecia assustá-los ou deixá-los vulneráveis, pelo contrário, parecia deixá-los mais fortes e seguros.

No barco havia mais algumas pessoas, também perdidas e sem rumo como eles. Isso os acalmou um pouco, porque viram que não estavam sós nessa busca. Procuraram um lugar para ficar e logo encontraram uma cabine livre, pequena e escura, mas que seria só deles, e mais do que espaço, naquele momento, precisavam ficar a sós. Ao partir, as peças do barco rangeram fortemente, mostrando que a viagem não seria muito tranquila, o que eles já imaginavam. Durante o dia, o balanço não foi tão forte, mas durante a primeira noite, passaram por uma forte chuva, e o balançar e os rangidos eram mais intensos e os fizeram sentir medo. Abraçados em sua cabine escura, tremiam de frio e se perguntavam se deviam ter embarcado nessa viagem sem destino. Ela, inicialmente, tinha tido dúvidas sobre se deveriam ter se aventurado desse jeito, tinha medo dos riscos e consequências, mas ele logo a havia convencido de que não tinham outra opção. Não poderiam não estar ali.

Na manhã seguinte, o mar estava mais calmo, e saíram para ver a paisagem e respirar um pouco. Abraçados, viam aquela infinitude de água e pensavam no quanto ainda havia por explorar, quantos lugares ainda havia por conhecer, e se haveria algum lugar onde poderiam sentir-se em paz. Não sabiam para onde aquela viagem os levava, nem tampouco quanto tempo levariam para chegar em algum lugar. E a incerteza de que lugar seria esse parecia menos importante do que a viagem em si. Havia riscos nessa aventura, sabiam disso, mas mesmo assim embarcaram. E estavam ali, juntos, aproveitando a brisa do mar em seus rostos, sentindo a pele fria um do outro e o calor que o encontro de seus corpos gerava, sem saber pra onde iam, mas aproveitando cada segundo da viagem, antes que ela chegasse ao seu destino, onde quer que isso fosse.

Rotina da semana

Era assim todos os dias da semana. Acordava já na ânsia de encontrá-la no trabalho. Arrumava-se bastante apressado e praticamente engolia o café da manhã de tão ansioso. Desde que ela começara a trabalhar lá que nunca mais se atrasara ou tivera problemas em acordar. Procurava chegar um pouco mais cedo do que o seu expediente só para vê-la chegando, perfumada, ainda com cara de sono, sempre levando um copo grande de café da cafeteria da esquina. Trocavam "bom dia" e lhe faltava o ar.

Durante a manhã era raro encontrá-la. Esses eram os dias bons. Lembrava da vez em que ela perguntou se sabia onde encontrar o Sr. Mendes. Foi pego de surpresa e acabou gaguejando mais do que respondendo à pergunta, mas delirou de felicidade, afinal, de todos os que estavam por perto, ela o escolhera para ajudá-la. Não sentiu-se apenas notado, mas teve a sensação de que ela precisara dele e ele lhe fora útil, como se, com aquela informação, pudesse provar como poderia cuidar dela pelo resto de suas vidas. Ela poderia viver tranquila, pois ele sempre saberia onde encontrar o Sr. Mendes.

Algumas vezes, no horário do almoço, sentavam perto e, até mesmo, conversavam. A conversa por vezes se estendia até além do horário e ele desejava nunca ter que sair dali.

Era quando sentia que se aproximavam mais. Não era sempre que isso acontecia, mas, quando acontecia, suas tardes eram sempre mais iluminadas e menos produtivas. Ria à toa sem parar e apreciava cada momento, refazendo mentalmente toda a conversa que tiveram.

A hora da saída era a mais imprevisível, pois nem sempre a encontrava, o que o fazia pensar que devia ter aproveitado mais o horário do almoço. Mas quando se encontravam no final do expediente, ele sempre lhe oferecia carona, o que acabava por ser um momento de grande tensão e o deixava muito nervoso, pois além de temer que ela negasse, também temia que ela aceitasse, pois sabia que implicava em ficar a sós no carro com ela e, por mais que ficasse maravilhado com a situação, também morria de medo de falar alguma besteira ou não ter assunto suficiente.

Nas festas da empresa, sempre temia que ela levasse algum acompanhante ou que seus colegas acabassem por conquistá-la, afinal tinha certeza que não era o único a notá-la. Quando organizavam amigo secreto, sempre dava um jeito de trocar com alguém para dar o presente a ela. Achava que todos já haviam notado seu interesse na garota, mas tentava não pensar nisso. Até mesmo sua amiga e confidente que servia o cafezinho de fim de tarde já havia comentado sobre sua visível paixão. Enrubescia quando alguém comentava, mas ficava contente com a ideia de que ela já devia saber de sua admiração platônica e continuava sendo simpática e aceitando suas caronas.

E assim passava sua semana até chegar a sexta-feira, quando, triste e cabisbaixo, voltava para casa sabendo que passaria dois dias sem vê-la. Isso quando segunda não era feriado, mas nisso ele tentava nem pensar.

Acaso

Se é o acaso, Deus, o destino ou só a coincidência, eu não sei. Mas que quem quer que seja que move as peças nesse jogo maluco e imprevisível da vida, às vezes age de má fé, ou com algo de um humor meio sádico, ou mesmo só pra ver o circo pegar fogo.

Assim que cheguei na feira, mal tinha descido do carro e ainda me acostumava com aquela profusão de pessoas, ruídos e luzes, quando, ao passar me esquivando de uns galhos mais baixos que quase me rasgaram a camisa, dei de cara com ela. Engraçado como ao redor dela parecia abrir um clarão e não de repente o lugar parecia vazio, como se só estivéssemos nós dois ali. Mesmo que soubesse que a encontraria naquele lugar e naquele momento, mesmo que tivessem me avisado com dias, meses de antecedência para que eu pudesse me preparar, ensaiar discurso, assuntos pra conversar, colocado minha melhor roupa e caprichado no perfume, mesmo assim ainda não estaria pronto para aquele encontro. Então, sem nenhuma preparação e ainda atônito pelo movimento do lugar, minha reação foi similar a uma paralisia interna.

Acho que nosso encontro durou menos de um minuto. Nos falamos, ela mencionou que havia encontrado alguns conhecidos em comum, eu disse que ia lá encontrá-los, ela perguntou se eu havia chegado naquela hora, eu respondi que sim, havia acabado de chegar... claro, tudo isso eu presumo que tenha sido o que conversamos, porque era tudo uma grande névoa densa em que eu flutuava sem saber pra onde. E aqueles segundos pareceram durar horas, ao mesmo tempo em que pareceram não durar nada. Você sabe que o sentimento é forte quando ele gera contradições desse tipo. Aliás, acho que se não gera nenhuma confusão, nenhuma sensação pelo menos levemente ambígua, é porque tem algo errado. Afinal, ele está aí pra contradizer a razão.

Ela se despediu e sumiu atrás de mim naquele mar de gente, barulho e luz. Eu evitei o quanto pude olhar pra trás, procurá-la, tentei seguir meu caminho, como se nada tivesse acontecido além do encontro entre duas pessoas numa feira, mas foi inevitável. Depois de uns dois passos meio bambos, não resisti, parei e finalmente me virei para buscá-la. Mas não havia mais nem sinal dela. Ela havia sido realmente devorada pela multidão, e eu quase acreditei que aquele encontro tivesse sido uma visão, um devaneio, talvez causado pela tontura daquela profusão de pessoas, ruídos e luzes.

O momento que se seguiu foi algo parecido com uma ressaca, como se tudo que havia ficado pairando no ar até ali viesse de uma vez, numa onda de um mar revolto, me derrubando instantaneamente. Foi mais ou menos nesse momento que eu comecei a voltar a mim, e foi também quando percebi que não respirava desde que meus olhos grudaram nela. Nesse momento me veio a impressão de que, pouco antes de vê-la, pensei justamente o quanto seria difícil encontrá-la ali, e, contraditoriamente, como eu queria e não queria que esse encontro acontecesse.

Não sei se realmente pensei isso, não sei se foi algo que me veio depois que a encontrei. Mas tudo relacionado aos minutos que passaram desde o nosso encontro era um pouco assim: eu sentia como se fosse real, mas soava pra mim como se fosse sonho. Mais uma vez uma contradição.

A partir dali minha noite se resumiu a olhar pros lados, pra trás, pra frente, sempre buscando encontrá-la outra vez. Dei voltas pelos mesmos lugares, parei em pontos estratégicos diferentes, pensei tê-la visto em outras pessoas. Mas ela não voltou a aparecer. Havia sido só aquilo mesmo. Talvez ela tenha comentado quando nos encontramos que já estava indo embora, jamais saberei ao certo. Só sei que precisava pelo menos procurá-la, e foi o que fiz até o momento de ir embora.

Também não sei o que aquilo significou pra ela. Ela parecia ambígua pra mim. Não sei se o momento foi tão cheio de contradições pra ela como foi pra mim. A primeira impressão que tive foi que ela parecia querer sair logo dali, não parecia querer fazer o momento durar, pelo menos essa foi a sensação que consegui recriar ao tentar reviver o momento do nosso encontro. Mas senti que também havia uma dubiedade na sua fala e nos seus gestos, algo que indicava que talvez, em algum lugar dela, houvesse um sentimento de alívio por ter me encontrado.

Não sei se voltarei a encontrá-la por acaso. Só sei que, como na maioria dos encontros que acontecem assim, ela parecia mais linda do que nunca. Parecia ter sido avisada com antecedência que aquele encontro aconteceria, e tinha preparado assuntos para conversa, colocado a melhor roupa e caprichado no perfume.

Se tivesse outra chance de encontrá-la, tentaria fazer tudo diferente. Talvez não conseguisse e travasse novamente. Mas não deixaria que ela se perdesse na multidão, em meio àquela profusão de pessoas, ruídos e luzes. Isso, claro, agora está nas mãos do acaso, de Deus, do destino ou mesmo da coincidência.

Antes que a música acabe

Não sabia de quem a filha puxara aquele jeito tão moleque. Parecia estar sempre pulando e brincando. Sorria vendo a cena. A menina cantava e dançava em cima do sofá da sala. Nem se incomodava com o fato de sua leitura ter se tornado impossível. Queria apreciar aquele momento. Sua linda filha, cantando e dançando sem parar, em cima do sofá, impedindo sua leitura.

Enquanto olhava sua performance, surgiu uma música conhecida. Não lembrava ao certo de onde conhecia aquela melodia, mas sabia que a conhecia. De repente, se viu sendo levado para outro lugar, doze anos antes, voltando para casa no seu Ford Escort branco, acompanhado do primeiro amor. Assim como sua filha, sorriam e brincavam. Ela, com os mesmos cabelos loiros e olhar sapeca que via há poucos minutos em cima do sofá, cantando a mesma música.

Não era apenas uma lembrança, estava revivendo aquele momento. Sentia o cheiro inconfundível daquele amor eterno que acabou. Quantas recordações. Sabia que havia acontecido algo especial, mas não lembrava. Fizeram amor pela primeira vez, era isso. E havia sido perfeito. Ela acariciou seus cabelos e disse que o amava. Estavam felizes como só se está em recordações distantes.

Parou e ela desceu do carro. Era a música deles que tocava. Subiu no capô e cantou. Cantava apaixonada a melodia que nunca esqueceriam. Como se parecia com sua filha. O mesmo jeito, as mesmas danças. A mesma música. Quantos sonhos tinha, então. Quantas viagens planejava. Queria comprar uma moto e viajar pela América Latina. Queria escalar o Everest. Queria tanta coisa, tinha tantos sonhos.

E como a amava. Ela, deitada no capô do seu Ford Escort branco, olhando as estrelas e cantando baixinho os últimos versos da música que tocava na rádio. O que aconteceria quando a música acabasse? Será que voltaria para sua casa, sua mulher e sua filha? Não sabia ao certo. E não se importava, pois, naquele momento, estava feliz. O futuro ainda era um sonho, e não uma ameaça. Estava sempre sorrindo, brincando, cantando. Foi de mim que ela puxou esse jeito tão moleque. Sorriu. Percebeu que já tocava outra música na rádio, e que sua filha continuava cantando e dançando.

Diálogo

– Te odeio. Aliás, eu odeio o fato de que não consigo te odiar. Odeio que, por mais que sinta raiva da posição na qual você me deixou, eu acabe entendendo o teu lado, acabe me sentindo culpada por ter entrado nisso como entrei, de cabeça e sabendo que eu ia acabar me magoando. Eu odeio quando eu tô convencida a te odiar de verdade e te esquecer de vez, e você me olha com uma cara sincera de apaixonado e eu volto a sentir tudo de novo, volto a querer estar contigo todo o tempo, te beijar todo o tempo... Ah, como eu odeio gostar tanto de te beijar, e odeio mais ainda saber e sentir que você também gosta, odeio sentir que consigo te deixar vulnerável quando te beijo porque sinto que tenho algum poder sobre ti, me sinto no controle da situação e você sabe como eu gosto disso, mesmo sabendo que, na nossa situação, ninguém tem o controle realmente. Na verdade, eu odeio que tu me deseje tanto, odeio te ver me observando, desejando meu corpo e fazendo eu me sentir a pessoa mais linda do lugar em que a gente está, vencendo minhas inseguranças e me fazendo melhor. Odeio que tu me encare como se quisesse decorar cada parte de mim pra fazer um quebra-cabeça mental pra montar quando você bem entender. Odeio isso. Odeio o modo como você me toca, como se tocasse um instrumento novo, aprendendo cada acorde de uma vez, apreciando cada novo som que você consegue tirar de mim, primeiro meio sem jeito, depois já seguro e sabendo exatamente a música que vai tocar. Odeio gostar tanto de te sentir em mim, de sentir sua língua me devorando, quando nossos cheiros e gostos se misturam... Que raiva de ti! Você sabe que todas essas coisas são ótimas, sabe que quando a gente tá junto eu não penso em mais nada, mas que logo depois você vai embora e me deixa sozinha. E sentir tudo isso, por mais maravilhoso que seja, não faz sentido quando se está sozinho. Eu odeio que eu não posso te ter por inteiro, odeio ter que te esperar, odeio ter que seguir o teu tempo, mas eu odeio mais do que tudo isso o fato de que eu continuo esperando e que, quando você finalmente aparece, eu sou só sorrisos e felicidade e toda aquela angústia da espera fica pra trás. Eu odeio que a gente tenha tanto em comum, odeio como você sabe exatamente o que me dizer nas horas certas, odeio que você me escreva coisas tão lindas e consiga me deixar horas e horas relendo as poesias que faz pra mim. Odeio que você me faça querer ser melhor, que acredite em mim, que veja coisas que ninguém mais vê em mim por dentro e por fora... odeio que você me veja por dentro e por fora! E odeio que eu goste tanto de me mostrar pra você assim como você também se mostra pra mim. Odeio ouvir uma música que me lembre dos nossos momentos juntos, porque a música tem o poder de deixar tudo mais sofrido, mais intenso. Mas não tem jeito, né? Onde eu vou, eu te vejo. Eu odeio muito que tudo isso que eu tô dizendo agora você me diga de volta, e sentir que você fica pensando em mim, sentir que você tá sendo sincero quando diz que está louco por mim, quando me conta teus segredos, quando fica inseguro comigo, quando sente ciúmes de mim. Odeio que a gente consiga se falar sem parar por tanto tempo, que o assunto sempre seja tão bom e natural entre a gente. Odeio te ver como eu te vejo, achar tudo isso incrível como eu acho e que eu esteja gostando tanto disso tudo. Odeio pensar que vai ser difícil encontrar isso em outro lugar e que você me dê esperanças que vai melhorar. Eu odeio acreditar em ti. Odeio às vezes me pegar achando que isso não significou nada pra ti, que foi só uma aventura e que, por mais que você diga que não, eu já não sou mais nada pra ti. Não sei mais o que fazer, não sei como lidar como isso tudo, com o fato de que em questão de minutos eu deixo de estar nas nuvens contigo pra cair num poço sem fundo sozinha. Odeio não conseguir te esquecer, mesmo fazendo de tudo pra que isso aconteça. Odeio estar apaixonada por ti do jeito que estou, mas odeio mais ainda sentir que você também está...

– Eu posso dizer só uma coisa?

– Não.

Diálogo II

– Eu sou apaixonado por ti, tu sabe disso, né? Eu tento evitar sentir e dizer isso, mas não consigo. Eu sei que só dizer não é suficiente, mas eu queria que tu nunca duvidasse disso. Eu adoro estar contigo, não ver as horas passarem quando estamos juntos, essa coisa louca de sentir um tempo diferente, meio turvo e que não faz sentido lógico, como se abrisse uma fenda no tempo normal pra gente entrar e não sair nunca mais. Eu sei que muitas vezes é difícil, que nem sempre a gente está bem, mas até isso eu adoro, sabia? Essa inconstância torna tudo mais real, mais verdadeiro. Acho que isso da gente sempre falar tudo um pro outro (que eu também adoro) acaba gerando isso mesmo, acho que faz parte. E eu não acho que isso diminui o que a gente tem, pelo contrário, sinto que nós saímos desses momentos de tormenta mais fortes e acabamos valorizando mais os bons momentos. Talvez seja uma visão romântica minha, que eu sei que às vezes tu odeia, mas é porque algumas coisas são impossíveis de explicar só pela razão, né? E eu adoro ver a nossa história com esses olhos, com esse filtro de metáforas, de ressignificados. Isso é outra coisa que eu adoro, já te disse isso? Como tu é capaz de ressignificar várias coisas pra mim. O simples fato da gente ter estado juntos em um lugar já ressignifica aquele lugar pra mim, por mais banal que ele seja. E aí eu passo de novo nesse lugar aparentemente banal e ele se torna outra coisa, ele fica cristalizado, quase como um cenário desses filmes em que nada acontece, mas tudo acontece, sabe? Cria uma atmosfera diferente e eu me vejo revivendo tudo o que tivemos ali de novo. Mas não é só com lugares que isso acontece. Eu adoro ouvir as músicas que parecem contar exatamente a nossa história, rever os filmes que falam dos temas que a gente sempre conversa. Essas pequenas coisas do cotidiano que vão tomando outra proporção quando ganham esse ressignificado e fazem com que a cada momento eu lembre de ti. Eu sei que não é tão simples assim, que existem complicações muito grandes envolvidas. Mas qual relacionamento é simples, né? Eu adoro não ter certezas contigo, adoro que tu me deixe às vezes sem saber o que tu tá sentindo, por mais que isso me deixe numa angústia enorme, ao mesmo tempo me faz sentir vivo, me faz perceber que as coisas não são tão simples e que essa complexidade talvez seja algo pra gente abraçar e não negar. Eu adoro teu corpo, ah como eu adoro teu corpo! Mas não só a dimensão física dele, é uma relação mais sensorial, algo que eu preciso explorar com todos os sentidos. Adoro ver cada detalhe até decorar, como um quebra-cabeça mental pra montar depois e não esquecer nunca. Adoro te tocar e sentir cada trecho de ti, cada diferença, cada curva, cada textura, como um mapa em braile que me leva pra um lugar sempre diferente. Adoro sentir cada cheiro que tu exala e ficar depois com esse cheiro em mim, pra continuar te sentindo mesmo quando você já não tá comigo. Adoro sentir todos os teus gostos, numa fome insaciável de misturar os sabores e cheiros e toques que, no fim, acabam se transformando numa coisa só. Mas confesso que o que eu mais adoro é te ouvir... ouvir tua respiração ficando cada vez mais ofegante, os pequenos gemidos suaves que tu vai soltando até atingir um ponto em que esse som baixinho se transforma numa explosão de sons, cheiros, unhas e gostos e aí eu me sinto completo. Eu adoro tudo isso, mas eu sei que não pode ser só assim, eu sei que chega um ponto em que a gente precisa de mais. E que talvez eu precise parar de falar essas coisas pra ti. E eu sei também que o que eu tô te dizendo agora é repetitivo, que eu já te disse tudo isso antes. Mas é que eu adoro falar essas coisas pra ti, não sei bem porque, é quase uma necessidade física de externar tudo isso. Talvez seja uma maneira de compensar pelo que eu não posso te dar e que eu sei que tu merece, mesmo sabendo que não compensa. Mas é que, acima de tudo, eu adoro estar apaixonado por ti, e adoro sentir que tu também está...

– ...

– Diz alguma coisa...

Melhor amigo

Não falo com o meu melhor amigo há quase dois meses, apesar de parecer muito mais. Começamos a nos desentender nem sei por que, e chegamos a um ponto em que a única saída pareceu ser evitarmos qualquer tipo de comunicação, o que é bastante difícil quando se pensa em toda a intimidade que tínhamos, nos falando praticamente todos os dias.

Nossa amizade nem é tão antiga assim, não é dessas que as pessoas se gabam de ter desde a infância. Pelo contrário, é uma amizade que já nasceu em duas pessoas quase adultas. Acho que isso contribuiu para que, em tão pouco tempo, já fosse tão forte o nosso vínculo. É como se já tivéssemos passado por muita coisa para aceitar uma amizade nova qualquer, então acabou sendo quase natural ter surgido entre nós uma empatia tão grande e que isso tenha acontecido tão rápido.

Apesar de recente, o sentimento que tenho é de que nossa amizade sempre esteve lá. Nem sei se lembro mais da minha vida sem ele. Mesmos as histórias e lembranças que sei que aconteceram antes de nos conhecermos parecem contar com sua presença. Se não física, sempre fica uma sensação de que, se ele não está lá naquela história, é porque não pôde ir naquele dia ou algo do tipo.

Eu acredito que toda relação que atinge um determinado nível de intimidade possui uma atração física por trás.

A intensidade do sentimento atinge sua real maturidade através do desejo, e não imagino chegar a uma proximidade tão verdadeira e profunda com outra pessoa e não desejá-la dessa forma. Acho que talvez não queremos ver isso por outros motivos, mas entre nós isso foi deixado muito claro desde o começo. Não que tenhamos tido um romance, não é tão fácil assim de classificar o que tivemos, mas reconhecíamos esse sentimento e nos entregamos a ele algumas vezes. Sei que esse tipo de sinceridade é incomum, na verdade é raro encontrar uma relação assim. Mas a nossa tinha essa abertura. Seguíamos vivendo nossas vidas e isso era apenas mais uma coisa que fazia parte delas.

Não posso dizer com certeza se isso teve ou não a ver com o desgaste da nossa relação. Talvez tenha tido. Talvez seja impossível ser sincero a esse ponto em alguns casos e não ser em outros, e essas duas verdades não possam coexistir. Talvez.

O fato é que sinto demais sua falta. Sinto falta das nossas conversas, de me abrir pra ele sobre sentimentos e confusões que só ele parecia entender completamente e saber exatamente o que dizer, o que nem sempre significava um consolo, muitas vezes ele falava coisas que doíam, mas que depois eu entendia que era o certo a se falar naquele instante. Essa capacidade de dizer as coisas certas independente do que elas possam gerar na outra pessoa é algo que sempre achei admirável.

O mais difícil é não saber como ele está nesse momento. Ficar imaginando o que ele está fazendo. Não paro de imaginar o que deve estar sentindo, como está seu cachorro doente, se ele também tem pensado em mim. Fico em dúvida se ele gostaria que eu ignorasse nossa decisão de não nos falarmos e simplesmente ligasse para perguntar como ele está. Ou como nós estamos.

O poeta e a saudade

Resolveu que sua próxima poesia seria sobre saudade. Sentado em frente à tela do computador, numa manhã quente de quarta-feira, esperava a inspiração que daria o empurrão inicial em seus versos. Lembrou do amigo que passara seis meses longe da esposa que havia viajado para uma especialização em Paris, dos momentos de angústia e melancolia confessados em conversas longas que, pensava, o motivaram a escolher esse tema para escrever. Procurou nas lembranças desses últimos meses as palavras, os gestos, os atos do amigo em busca da total compreensão dessa tal de saudade. Tentou colocar-se em seu lugar, imaginar o que sentira. Queria sentir saudade.

Sempre achou que não era de sentir saudade. Não lembrava uma única vez em que pudesse dizer que sentiu muita saudade de alguém. Sentia falta em determinados momentos de algumas pessoas, mas não era saudade. Se considerava um tanto frio nesse aspecto, o que o angustiava, pois sua alma de poeta devia ser sensível a esse tipo de sentimento. Muitos amigos tinham ido morar fora, familiares haviam partido dessa vida, mas não adiantava. Não conseguia abrir a boca para falar sinceramente que sentia saudade de nenhum deles.

Em meio a esses devaneios sobre sua personalidade e frieza de caráter quanto a esse sentimento tão único, começou, meio que sem perceber, a escrever sua poesia. Escreveu vários versos, viajando acerca da saudade. Fez comparações, metáforas, jogos de palavras. Analisou como outras culturas tratavam do tema, mencionou as tribos primitivas que não entendiam o sentido da palavra por não serem apegadas ao mundo material e como elas, no fundo, deviam ter outra forma de expressar esse sentimento de falta

Ao acabar, releu sete vezes, orgulhoso de uma de suas melhores poesias. Era estranho ter conseguido se expressar tão maravilhosamente bem acerca de um sentimento que desconhecia. Isso o levou a refletir um pouco mais, pois sentia que havia algo mais por trás daquelas palavras que escrevera tão bem em tão pouco tempo. Algo maior o motivara e incentivara a descrever de maneira tão bela como sentir falta de alguém pode ser uma das provas mais fortes e verdadeiras de dedicação e afeto.

Tentando refazer os passos dos seus pensamentos, lembrou, surpreso, de outro amigo. Não do que passara um tempo longe da esposa e que, originalmente, parecia ser a inspiração para o tema da poesia. Um outro amigo, mais que um amigo, de quem já havia sido muito próximo, mas não via há muito tempo e parecia ter sumido de seus pensamentos. Mas que percebia, agora, nunca ter saído de lá. Sentiu um aperto e uma vontade grande de revê-lo. Como estaria? O que estaria fazendo da vida? Será que seu cachorro havia se recuperado? Será que estaria com alguém?

Percebeu por que gostava tanto do que escrevera. Seus versos haviam consolidado sua poesia, mas também sua saudade.

O conto mais curto que já escrevi para alguém (e também o título mais longo)

Você nunca mais escreveu uma poesia pra mim.

Acordei meio atônito, sem entender direito o que ela dizia. Esperei, mas ela não falou mais nada e, aparentemente, voltou a dormir. Tentei fazer o mesmo, mas não consegui.

Era verdade. Eu, que de vez em quando chegava com uma poesia para surpreendê-la, não o fazia há pelo menos uns dois anos. Não sei o porquê disso. Sei que aquilo ficou me remoendo a noite inteira. No dia seguinte, ao acordar, resolvi que escreveria para ela a poesia mais longa que eu já escrevera para alguém.

No seu aniversário, entreguei seu presente e falei:

Pra compensar a ausência.

Quando terminou de ler as treze páginas frente e verso, ela, com os olhos úmidos, me abraçou forte.

Por que tu me ama? – ela perguntou.

Abracei-a o mais forte que pude e a beijei atrás do orelha, tentando dizer tudo que sabia que jamais conseguiria em palavras. Mesmo numa poesia de treze páginas, frente e verso.

Dois dias

O dia que deu certo

Nos encontramos no café. Era fim de tarde, mas não estava lotado. Conversamos um pouco, ambos sem jeito, percebendo os pequenos sinais um no outro de que, o que quer que aquilo fosse, já estava lá. Evitávamos o momento de pagar a conta e subir ao quarto. Não havia ninguém lá, seríamos só nós dois, e seríamos obrigados a tomar uma decisão. Onde estávamos ainda era possível postergar, era como se não quiséssemos ser responsáveis pela decisão que já sabíamos ter tomado no momento em que reservamos o quarto e marcamos às 16h30 no café do lobby.

Pagamos a conta e subimos. Ainda no elevador, onde já estávamos sós, mas ainda nos sentíamos expostos, parecíamos dois estranhos, cada um em seu lugar, olhando meio de canto de olho um pro outro e rindo feito adolescente. Os sinais se intensificavam, vermelhidões no pescoço, respiração mais ofegante, mãos suadas e uma pulsação que quase era possível ouvir. Uma tensão que não tem forma mas tem densidade.

No quarto, um primeiro momento de constrangimento, sem saber a ordem das coisas que deveriam acontecer. Sentamos, ela na cama e eu na cadeira em frente, junto a uma escrivaninha. Após um silêncio de uns cinco minutos, comecei a falar. Era sempre eu que falava. E dessa vez falei mais do que nunca, falei tudo que já tinha sido dito e mais algumas coisas que tinham sido guardadas até ali. As dúvidas, as incertezas, os desejos. Sabia que não era tão simples estarmos ali, que havia repercussões pra nossa decisão. Ela não falou nada. Quando finalmente me calei, ela abaixou a cabeça e pediu para que eu sentasse ao seu lado na cama. Fui. Peguei sua mão, sussurrei mais alguma coisa em seu ouvido e ela me beijou.

Já era noite quando acordei, ainda sem a certeza do que aquilo significava, mas sabendo que queria estar ali naquele momento.

O dia que não deu certo

Eu a esperei no café do lobby do hotel até que a noite se fez. Tomei três cafés e nada dela. Suspeitava que ela não aparecesse, que decidisse por não levar adiante aquilo que começamos. Desde o começo, ela parecia não querer tomar uma decisão, como se já não tivéssemos tomado no dia em que conversamos sobre essa possibilidade. Um nervosismo inicial foi dando lugar a uma resignação dolorosa. Demorei para tomar o último café, era como se não quisesse aceitar que teria que sair só dali.

Já passava das 19h quando pedi a conta. Paguei e subi para o quarto. Ainda no elevador, sozinho, encostado no canto, pensei se deveria ligar pra ela. A resignação aumentou e seus sinais também. As mãos não suavam mais, a respiração e a pulsação desaceleravam e davam lugar a um silêncio ensurdecedor e carregado que pesava o ar do espaço interno do elevador.

Ao chegar no quarto, por alguns minutos não soube o que fazer. Puxei a cadeira ao lado da escrivaninha, mas não sentei. Passei a mão sobre a cama enorme. Olhei pro seu tamanho, os lençóis, os travesseiros e tudo que não seria. Acabei sentando no chão, encostando as costas na parede. Era como se não quisesse estar em nenhum lugar onde poderíamos ter estado juntos. Após alguns minutos em silêncio, peguei o celular e liguei pra ela. Ela atendeu com sua voz rouca bem baixa, sabendo de onde eu a ligava e o que eu queria com aquela ligação. Ficamos em silêncio por um instante, mas logo comecei a falar. Não falei muito, disse que queria que ela estivesse ali, mas que entendia, que sabia das repercussões se ela tivesse ido, mas que isso não mudava o fato de que a queria ali comigo. Ela só concordou com um gemido suave. Antes de desligarmos eu ainda perguntei porque ela tinha desistido do encontro. Ela respondeu com outra pergunta: 'Pra quê?'.

Fui para a cama e deitei, ainda atordoado, e acabei adormecendo sem querer. Acordei já de madrugada, com a certeza de que algo havia acabado naquele momento.

Chuva

Lembrou da vez em que, com o coração partido, jurou nunca mais se apaixonar. Chovia. Ela o deixara e nada mais importava. Não compreendia como podia ficar tão estúpido quando se apaixonava. No mesmo dia, quando a chuva passou, saiu com os amigos para aquele bar tão familiar, mas que há muito não ia porque ela não gostava do ambiente e já embriagado declarou o início de uma nova era. Estava decidido a não mais se deixar enganar pelas travessuras do amor.

Passou uns dois anos assim, pulando de um caso para outro, sem se apegar a ninguém, nem tanto por não querer, mas realmente por não ser capaz. Pegava vários telefones, anotava já sabendo que não ligaria, muitas vezes estava tão louco que anotava um nome sem sentido e no dia seguinte nem lembrava de quem era. E nunca ligava. Era uma pessoa diferente. Mais distante, menos aberto. Não expunha mais o que sentia como antes, até porque nem sentia mais tanta coisa. Mas, apesar das mudanças, sempre que chovia era tomado por uma tristeza profunda e parava o que quer que estivesse fazendo e encarava os pingos por horas. Se perdia em devaneios acompanhando a descida das gotas pelo vidro da janela, e era como se afundasse um pouco mais nesse torpor a cada pingo que se desfazia.

O som da chuva era como uma música melancólica que o deprimia e levava a tempos remotos de sofrimento. Toda a armadura de orgulho e resignação que usava vinha abaixo. Se sentia nu, ensopado e com frio debaixo da chuva incessante. O cheiro da chuva entrava em suas narinas e agia como um entorpecente que o imobilizava, como um catalisador para a explosão de todos os sentimentos que insistia em reprimir durante o resto do tempo e que o expunham tal como realmente era, alguém que era capaz de se entregar com muita intensidade, mas que tinha desaprendido como fazê-lo.

Foi então que, justamente num dia, ou melhor, numa noite de chuva, desarmado contra aquele que declarara seu pior inimigo, reaprendeu o caminho da aproximação e voltou a se apaixonar. Tudo que havia prometido para si mesmo nunca mais fazer ou sentir voltou naquele instante e como uma correnteza o carregou. E ele, sem forças, nada pôde fazer a não ser se deixar levar pela corrente.

Estava na praia e era lua cheia. A multidão comemorava o casamento de um casal de amigos. Ela brilhava dentre todas, se destacando mesmo sendo bastante óbvio que não se esforçava para isso. Talvez fosse isso que o atraía tanto nela, o fato de que ela não buscava sua atenção, mas sua atenção é que a buscava. Usava uma blusa branca e uma saia frouxa cor de rosa. Já a conhecia, mas há muito não a via. Seu cabelo estava preso, revelando sua nuca perfeita que, no primeiro abraço, logo revelou um odor ao mesmo tempo suave e extremamente atraente. Estava especialmente linda naquela noite, e não parecia perceber isso. Estava toda molhada, como a maioria de nós, descalça na beira do mar e segurando suas sandálias e com um sorriso que só essa combinação de praia, lua cheia e chuva é capaz de proporcionar. Ainda tentou lutar contra essa paixão que o consumia, tentou nadar contra a corrente, mas sabia que seria em vão. Já encharcado pela água do mar e pela profusão de sentimentos que não conseguia explicar, mergulhou nas águas escuras do oceano e lá, nadando pelos reflexos de uma lua imensa, deixou sua armadura. Saiu desprotegido, vulnerável, o mesmo que há dois anos chorava com o coração partido.

Enquanto se enxugava, olhou para ela. Ela olhou de volta ainda sorrindo e foi como se tudo parasse. Não acreditava que momentos como esses existissem.

Tá com frio? ela perguntou.

Não mais.

Ela fez uma cara de quem não entendeu direito.

Teu perfume é muito cheiroso.

É? Obrigada. Mas tô com cheiro de mar agora, não dá mais pra sentir o perfume.

Não importa. Teu sorriso é lindo, sabia?

Agora tu tá me deixando sem jeito.

Ela dizia isso sem deixar de sorrir ou de olhar diretamente para ele, apesar de estar um pouco mais séria do que antes.

Desculpa. Vou parar de falar.

Não. Pode continuar, eu quero te ouvir.

E, nesse momento, se entregou completamente e soube que havia tomado a decisão certa. Não se arrependia. Não mais usava sua armadura, e sentia que não precisava mais dela. Ela não o machucaria. Era bom estar com ela, sentia-se seguro, protegido. Pensava muito no futuro, e na possibilidade de sofrer mais uma vez. Mas não se importava. Quando chovia, se não estavam juntos, ligava para ela, onde quer que estivesse, e curtiam juntos a melodia produzida pelos pingos. Aquilo tinha um significado importante para eles. Não sofria mais ao ver a chuva. Apenas sorria.

Este livro foi composto em Meriden, em papel pólen,
para a Editora Moinhos, enquanto
Romulo Fróes & César Lacerda cantavam *Faz parar*, em junho de 2018.